AF259668

# CUISINE

# GOUVERNEMENTALE

PARIS. — IMP. SIMON RAÇON ET COMP., RUE D'ERFURTH, 1.

# CUISINE
# GOUVERNEMENTALE

PAR

## A.-E. BILLAULT DE GÉRAINVILLE

Auteur de l'*Histoire de Louis-Philippe*,
des *Résultats fantastiques de l'application de la Loi sur les loyers*,
de la *Fantastique circulaire*, etc.

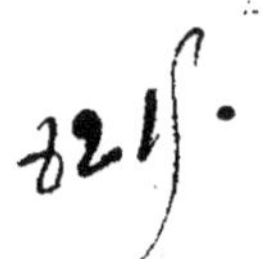

Mores ipsi interierunt virorum penuria; cujus
tanti mali non modo reddenda ratio nobis, sed
etiam tanquam reis capitis quodam modo dicenda
causa est

(AUGUSTIN C. D. I, II)

## PARIS

CHEZ TOUS LES LIBRAIRES

ET BOULEVARD ORNANO, 26

--

1872

# CUISINE

# GOUVERNEMENTALE

---



Chers compatriotes,

Plusieurs d'entre vous dernièrement nous ont proposé la candidature du canton de Châteaudun au Conseil général. Si honorable et flatteuse que fût l'offre, nous avons dû la décliner : à cet égard, nos convictions sont faites. Ce mandat de conseiller général, essentiellement personnel et local, ne saurait être efficacement rempli pour le bien de la contrée que par un habitant du pays, résidant à demeure fixe. C'eût été de notre part un démenti à nos principes, acte d'incivisme, que d'accepter ces fonctions. Nous n'avons point cessé de les blâmer, surtout chez ceux qui ont le tort plus grave encore de les cumuler avec la mission de représenter le pays à l'Assemblée nationale.

Publiciste, économiste ou historien, nous n'avons jamais discontinué de consacrer le meilleur de notre temps à notre cher pays, à cette France affectionnée. Nous la servons de notre plume, nous efforçant, aux enseignements de l'histoire et à l'expérience du passé, de déterminer les conditions de sa prospérité et de sa grandeur, de la fixer dans ses voies et destinées légitimes. Pourquoi faut-il que, comme Cassandre, nous ayons souvent parlé sans être cru ? Maintes fois, hélas ! prophète de malheur, nous avons prédit funestement ce qui arrive.

A la différence des autres nations, en France, aujourd'hui, nous en sommes réduits à un outillage de gouvernement usé, à un personnel au-dessous du médiocre. Hommes et choses seraient partout ailleurs impi-toyablement retirés du service. Tout le monde le sent et le dit : ce qu'il nous faut, ce sont des hommes. Contre l'opinion commune, soyez cer-tains qu'ils ne manquent point ; mais il ne faut pas les demander aux sphères élevées du pouvoir : là gît la décrépitude et règne sans partage la routine. A les y chercher, Diogène perdrait son temps et fondrait sans profit la graisse de sa lanterne. C'est aux comices du pays qu'il appartient de les susciter, à vous l'honneur d'en doter le pays. N'attendez rien des gouvernants du jour : ceux-là ne connaissent et ne pratiquent que les gens à leur niveau. Electeurs, étendez le bras, et, comme autrefois Neptune, frappez de votre sceptre souverain : au vase fermentescible de l'élection, vous verrez ces hommes-là éclore, surgir du scrutin et de l'urne électorale.

Ceci n'est point un persiflage, mais seulement flagellation d'abus et pra-tiques de gouvernement déplorables. C'est une critique justifiée, sinon topique et salutaire. Nous appliquons le coup de fouet, mais seulement comme stimulant, pour faire marcher la haridelle. Tentative hasardée sans doute, effort probablement infructueux avec espèce têtue et rétive à l'aiguillon, au char attelé comme il l'est de mazettes de réforme.

Le flambeau qui éclaire l'avenir en projetant sur lui les clartés du passé, à le tenir en main, on ne sait généralement pas tout ce qu'il y a pour l'écrivain d'affliction et d'amertume à recueillir. Son intuition sûre découvre à l'horizon orages et tempêtes ; avec certitude il présage cata-clysmes et calamités, sans la puissance en main d'imposer le remède. Seul à gémir alors, il pâtira ensuite de la douleur commune, avec sur-croît pour lui à la prescience qu'il a eue. Le cœur saigne et déborde au spectacle de notre malheureux pays, gangrené par dix-huit ans d'empire, frappé de revers comme pas un peuple n'en a essuyé, aujourd'hui pro-fondément divisé, perpétuellement en danger de crises et de convulsions nouvelles. Parfois on se prend à envier le sort de ceux qui sont morts à temps pour ne pas être témoins de tant de désastres et de ruines. Ils ont eu cet autre bonheur d'échapper aux fausses directions, peut-être à l'abîme où nous mènent de prétendus hommes de gouvernement pour qui la présomption et la jactance tiennent lieu de talents, conducteurs vaniteux et outrecuidants, aussi suffisants qu'incapables.

Recevez, mes chers compatriotes, l'assurance de mon entier dévoue-ment.

A.-E. BILLAULT DE GÉRAINVILLE.<br>
Paris, novembre 1872.

# A SON EXCELLENCE M. DUFAURE, GARDE DES SCEAUX

Excellence,

En France, comme ailleurs, c'est le budget qui fait bouillir la grande marmite de l'État, qui alimente la chose publique. Ses libérales allocations permettent à chef de cuisine, marmitons, officiers et hommes de bouche d'accommoder mets à l'infini, de varier et servir toute espèce de plats : nous contribuables, on nous met à tous condiments et sauces. Et c'est de celles-là qu'il est surtout vrai de dire qu'elles font manger le poisson ! Au demeurant, suivant l'ordonnance du festin, la qualité du service, le mérite des préparations, la nation pàtit ou profite. Sa constitution est saine et robuste, en outre elle n'est pas difficile. Aussi à lui donner dégoût, à soulever sa bile, à irriter ses humeurs, finalement à enflammer son sang, faut-il avec elle forcer les doses jusqu'à l'âcreté, lui faire à l'état aigu et prolongé endurer pernicieux régime. Pour lors son tempérament s'aigrit : sa santé ne saurait résister à la gravité des écarts, à la multiplicité des excès. Après nausées, haut-le-corps et indigestions, son estomac rejette. Elle campe le chef de cuisine et les gâte-sauce à la porte. Elle renouvelle son matériel, les artistes et le fourneau, souvent au détriment de sa fortune, avec dommage pour son capital ébréché à l'expédient coûteux des changements, à la ressource dispendieuse, ruineuse des révolutions.

L'autre jour, attiré par le fumet, j'ai appliqué le nez aux soupiraux de votre sous-sol et curieusement examiné fourneau et matériel de cuisine. Ce n'était pas, croyez-le bien, avec l'intention de m'en délecter, de savourer vos préparations : à la voir faire, la cuisine donne des nausées. Ne mitonnant pas autrement que vos pareils, vous ne sauriez la donner différente. Loin donc de m'en lécher les doigts, je n'y ai pas seulement trempé l'extrémité du petit. Pour tout potage, je n'ai voulu que prendre une idée de vos procédés et recettes. Maintenant je sais à peu près, je puis dire comment vous vous y prenez, tranchez pièces, hardez lard, mêlez et assaisonnez. De vos plats du jour, le premier de haut goût qui s'offre, c'est votre conseil d'État : il est encore au réchaud, le maître d'hôtel ne fait que de le poser sur la table.

Faisant bon marché ou plutôt litière des principes élémentaires du droit, l'Assemblée nationale s'est mis en tête d'élire les conseillers d'État. C'était prétention exorbitante, innovation excessive. Cette fois, Excellence, alliez-vous vous en tenir au rôle de simple figurant, de comparse effacé comme vous aviez fait à la discussion de la loi sur la magistrature? Là votre humilité fut tout évangélique. Vous avez suivi la danse, mais point conduit les violons. A ces incolores débats, au surplus, on ne vit guère s'agiter que des ombres : ombre de sujet, ombres de délibérants et surtout ombre de ministre.

Non, pour le coup vous vous êtes ému, vous avez monté à la tribune. Il était temps : c'était à supposer qu'au chapitre de la justice vous étiez absolument désintéressé. A telle facilité de vous faire la barbe, il était visible que sans plus de façon on s'enhardirait jusqu'à vous laver la tête. Vous avez senti le danger.

Il faut le reconnaître : dans la circonstance, nul à l'égal de vous n'a été vif et lumineux. Vous avez été surtout pressant à l'endroit de l'Assemblée. Elle empiétait d'une manière flagrante sur le domaine de l'exécutif, elle faisait acte d'omnipotence insoutenable. Vous le lui avez remontré avec une verdeur dont on ne vous croyait plus capable. A flots vous avez répandu sur elle ces trésors de dialectique dont vous ne craignez jamais de vous appauvrir. Cependant vous en avez été pour vos frais de faconde : l'avocat a eu du succès, mais il a perdu sa cause. Et c'était justice, comme on dit au palais : vous avez dûment porté la peine d'une situation faite et aveuglément entretenue par vous. C'est que de longue main vous méconnaissez cette vérité, qu'autant les assemblées politiques approuvent les positions franches et hautement prises, autant elles professent de dédain pour des ministres qui ne vivent que d'équivoques et des dissentiments des partis. Vous, vos collaborateurs et acolytes, jamais vous n'avez voulu faire attention que l'instabilité de vues décrédite un gouvernement, qui n'est pas obligé d'être de l'avis des autres, mais qui du moins doit rester du sien. Notez que je laisse de côté vos vieilles enseignes, écriteaux démodés, voltige usée, évolutions et tours surannés : à acabit comme le vôtre, on ne saurait demander ni consistance, ni fixité, ni suite. Mais pour ce qui est de votre jeu actuel, prendre, comme vous le faites, tantôt à gauche, tantôt à droite, les voix nécessaires pour former une majorité de rencontre et de circonstance suivant la nature des mesures en délibération, c'est là, croyez-le bien, une tactique des plus sujettes à déceptions, un procédé fort dangereux. Nul fondement à faire sur cette politique de bascule qui ne subsiste que de la division des opinions, se servant tantôt de l'une, tantôt de l'autre pour appuyer alternativement les directions les plus opposées. Mais nous ne nions pas qu'elle ne convienne parfaitement à des gouvernants sans principes, qui n'ont souci que de leur position et de leur fortune : eux saufs, périsse l'État !

A la discussion sur le conseil d'État, vous en avez fait la dure expérience. On vous a refusé la faculté, non-seulement d'en nommer les membres, mais même de les révoquer. Cela vous a-t-il servi de leçon et ouvert les yeux? Permis d'en douter : qui donc oserait dire qu'en politique l'expérience a jamais servi à quelqu'un et à quelque chose ? En France surtout, les hommes du pouvoir sont là-dessus incorrigibles.

Quoi qu'il en soit, à telle atteinte portée à vos prérogatives gouvernementales, à telle brèche pratiquée aux droits de l'exécutif, l'on a cru votre amour-propre blessé, votre dignité offensée. Il se disait que vous alliez fausser compagnie, repasser le rôle à un autre. Bref, au ministère il n'était question que de votre départ, pour le coup une vraie sortie! Mais elle n'a été ni plus ni moins fausse que d'autres : ç'a été seulement une alerte. Vous vous êtes ravisé. Vous avez bien ressenti des « scrupules, » comme vous le disiez malicieusement de vos magistrats des *commissions mixtes*. Mais chez vous non plus « ils n'ont pas été jusqu'à la démission ! » Enfin vous avez gardé votre place, avec honneurs, émoluments et les petits profits de vos graisses.

Et l'Assemblée a librement, à sa guise, taillé dans le drap de l'exécutif, façonnant conseillers d'État dans toute espèce d'étoffes. Une manière de corps s'en est suivi, demi-politique, demi-administratif, sans attributions bien précises, ni exactement délimitées. L'arlequin s'est trouvé mis sur ses pieds. Il est destiné, je vous le prédis, par ses sauts et cabrioles, à vous donner un jour pas mal de fil à retordre. Pour le moment, à la bigarrure de ses plumes, à la disparate de ses couleurs, il a quelque peu offusqué les gens de goût. Mais on s'est expliqué que l'Assemblée, *ondoyante et diverse*, nuancée et bariolée comme elle l'est, l'ait fait à son image, composé des plus hétérogènes, j'allais dire hétéroclites couleurs.

Le public, lui, suivait curieusement la représentation : ce sont là spectacles dont il est friand, qu'entre tous il affectionne. Pour ceux-là il déserte tous les autres : tant la vie humaine est une comédie autrement divertissante que les scènes de nos théâtres !

*Tanto majores humana negotia ludi*[1] !

Il s'est permis de trouver les choix étranges et même de s'en gausser. Il a remarqué que la Gauche avait bien justifié son nom, faisant assaut de gaucherie, de maladresse avec la Droite pour faire passer des noms sans valeur, quelques-uns même inconnus : tant il est vrai encore que les préférences des assemblées sont parfois bien irréfléchies et plus aveugles souvent que les choix intéressés du gouvernement !

On prit meilleure idée de vous ; de la rectitude de votre esprit on augura favorablement. Jusqu'à un certain point vous aviez correctif en main par la nomination des maîtres de requêtes, qui vous était laissée. Quelle occasion plus belle de revanche ! Ici allait éclater votre supériorité, briller votre discernement. L'excellence de vos choix devait infliger à l'Assemblée une dure et sévère leçon. Au parallèle qu'on ne manquerait pas d'établir, ce serait pour elle à rougir pourpre, à l'indigence, à la difformité de ses choix.

Hélas ! l'attente a été déçue. A la longueur de l'incubation, elle était pourtant légitime. Mais il était écrit que gestation si laborieuse n'aboutirait qu'à déception :

*La montagne en travail accouche... de choux blancs !*

De la couvée l'on a vu sortir, s'envoler pierrots, non pas aigles ni aiglons ; mais, a dit un impertinent journal « oisons bonapartistes. » L'oie ! mais pour MM. de Belcastel, de Franclieu et *tutti quanti*, elle est l'objet d'un culte sacré : n'a-t-elle pas servi de guide aux premiers croisés[2] ? et sans doute de nos jours aux pèlerins de Lourdes ? Dans l'antiquité, cet oiseau sauva le Capitole :

*Hæc servavit avis Tarpeii templa Tonantis*[3] ;

mais il a perdu l'empire avec Ollivier ; et gare ! qu'il ne joue le même tour à notre pauvre république du fait de ceux que je n'ai pas besoin de nommer.

Vraiment la république est-elle donc si peu riche de son propre fonds qu'il lui faille ainsi emprunter au régime déchu ses défroques ? Oui, parlez-nous de la gent politique et administrative du second empire ! On sait où se recrutait son personnel ! Qui n'a souvenir de la façon dont il battait monnaie de places et emplois pour cette classe privilégiée de bons jeunes

[1] Juvénal, sat. xiv.

[2] « N'ayant aucune connaissance de la géographie ou de l'art des marches et des campements, ils suivirent, pour se diriger vers l'Orient, une chèvre et une oie qu'ils croyaient leur avoir été envoyées par le ciel. » (Sismondi, *Histoire des Français*, t. IV, p. 540.)

[3] Mart., XIII, 74.

gens incommodes à tous, particulièrement insupportables à leurs familles, aptes à tout.... en fait de sottises, déplacés en tous lieux, hormis les mauvais, mais *faisant merveille* dans les petits appartements des Tuileries, à la conduite d'un cotillon et autres divertissements tout aussi équivoques, sans préjudice des passes chorégraphiques en bastringues d'aussi bonne compagnie. Le lendemain, au rafraîchi, l'on portait au conseil d'Etat le *cœur léger* et encore plus l'esprit.

O les bonnes traditions bien dignes d'être continuées ! Dans toutes les tempêtes politiques, comme le liége, elles demeurent insubmersibles. C'est une vérité rebattue : en France, plus ça change, plus c'est la même chose.

Non, rien n'est changé au temps où Louis XIV, le grand roi, faisait ministre un courtisan pour son adresse au billard[1], où, après lui, la simarre devenait le prix du talent à un jeu plus gai en la personne, Excellence, d'un de vos prédécesseurs. Ce fut Miromesnil, promu garde des sceaux parce qu'il excellait à jouer les Crispins sur les théâtres de société[2]. Il prit goût au métier à ce point que, même en si graves fonctions, il ne discontinua point d'amuser la galerie, témoin cette dame de la cour se permettant de tout dire parce qu'elle disait tout avec esprit, qui, rencontrant un jour Miromesnil dans l'antichambre de l'exécutif, le saisit par le bras, traverse le salon au milieu de trente personnes, l'amène au chef de l'État et lui dit : « Je vous présente M. de Miro-bolan[3]. » Devant cet illustre prédécesseur et parangon, Excellence, chapeau bas !

A la bonne heure ! voilà un corps qui, pour la composition, ne laissera rien à désirer. Au conseil d'État, le public s'était bien un peu attendu à voir figurer les illustrations de l'époque, des hommes notoirement compétents et experts en matières politiques, financières et administratives. On comptait y rencontrer, par exemple, les Maurice Block, les Dumesnil-Marigny, les Courcelle-Seneuil, les Leberquier, les Leroy-Beaulieu, les Williaumé, et autres que le monde savant désignait au choix du gouvernement. Mais, au sentiment de M. le garde des sceaux, ce monde-là est fort ignare. M. Dufaure est d'un tout autre bord. Dans les mêmes eaux qu'il nage, il a la placidité du canard. Pour le choix des instruments et la confection des lois, à son fossé aussi tranquillement il patauge et barbote. Après cela étonnez-vous si, à l'Assemblée nationale, il soit toujours meurtri, écloppé du sein des commissions, avec ses projets de lois mis en pièces et lambeaux, pas même par des caporaux, mais par simples conscrits, au choc du plus superficiel examen, à l'étude la moins approfondie !

---

[1] Chamillard, à la guerre.

[2] « C'était un homme de capacité médiocre et sans caractère, complaisant ridicule de Maurepas, dont il avait gagné les bonnes grâces à jouer les rôles de Crispin dans son salon. » (*Histoire des Français*, de Sismondi, continuée par A. Renée, T. XXX, page 58.)

[3] Nom du médecin dans la farce d'Hauteroche, intitulée : *Crispin médecin*.

M. le garde des sceaux a senti pourtant cette fois que la pudeur commandait de colorer ses pâles figures, de faire prendre le change au public sur la physionomie plus que terne de ses choix. Après les maîtres des requêtes sortis de sa cervelle dans d'autres conditions que Pallas de la tête de Jupiter, il a annoncé avec fracas le concours pour les simples auditeurs. On s'est demandé à cette occasion comment il se faisait que ce qui était bon pour les uns ne l'était pas également pour les autres, et pourquoi le ministre n'avait pas demandé au concours maîtres des requêtes aussi bien qu'auditeurs. C'était sans doute faire preuve de grande curiosité. Mais le public, qui supporte les frais de la comédie, a bien aussi un peu le droit de pénétrer dans les coulisses, voire même de descendre dans les bas-fonds de la scène, d'examiner les trucs, et, comme on dit, de voir le dessous des cartes.

Bref, personne n'a été dupe du manége : M. le garde des sceaux n'a pas obtenu de son tour le succès qu'il se promettait. Il fera mieux une autre fois. En attendant, il a vérifié une fois de plus le dicton d'expérience : « Tel est pris qui croyait prendre. » Car il est advenu que les auditeurs sortis du concours dépassaient de beaucoup en lumières et en capacité les maîtres des requêtes, voire même nombre de conseillers d'Etat[1]. M. Du-

---

[1] En Angleterre, aux États-Unis, et particulièrement en Prusse, places et emplois sont donnés au concours, ou autrement conférés au talent, à la capacité éprouvée et notoire. C'est le contraire en France, où ils sont exclusivement le partage de la faveur ou de l'intrigue. A cet égard, nous sommes la fable et la risée des étrangers, qui, même sans déplacement, peuvent en juger à notre personnel diplomatique, dans une carrière chez nous de pure parade. Le reste est à l'unisson. N'est-ce pas M. Thiers lui-même, qui, lors de la fameuse visite dite des *bonnets à poil*, a confessé n'avoir nommé à l'une des plus importantes préfectures de France le titulaire actuel, ancien précepteur des enfants de M. de Broglie, qu'à la recommandation de M. le duc? Aussi, pour un préfet de mérite, de haute capacité, comme M. le baron Séguier dans le Nord, en compte-t-on cinq sur six d'absolument incapables. Il faut voir, par exemple, où en est, dans certains départements, la comptabilité des communes !

Dans un écrit récent plein de vues judicieuses et pratiques, M. le professeur Piorry a signalé le mal et mis ses conséquences en relief : c'est en France, avec l'abâtardissement des sujets, l'avilissement de l'autorité, et par suite le mépris qu'elle inspire. De son remarquable travail nous extrayons le passage suivant :

« La rareté du mérite est plus apparente que réelle. Tel qui se sent supérieur par l'intelligence, la conduite, la capacité, le savoir et les bonnes intentions, n'a pas recours, pour réussir, a l'intrigue, au favoritisme, à la camaraderie : il veut arriver par lui-même et par son travail. Il ne se cache pas, mais il faut souvent beaucoup chercher pour le trouver; et la foule des ambitieux, des flatteurs, des incapables, des gens qui comptent sur des protections plus que sur des services rendus et leurs propres talents, se met, au contraire, tout d'abord en évidence, ne prend pas un moment de repos, intrigue avec impudence, abuse des crédules, voile si bien le mérite, en médit avec tant d'assurance et d'à-propos, que, la calomnie aidant, le talent véritable est écarté, et que l'on n'aperçoit plus autour de soi, et surtout près du pouvoir, que la tourbe et la foule des médiocrités ambitieuses et égoïstes.

« Le seul moyen de constater la valeur des candidats, à quelque emploi que ce soit, c'est de les soumettre, pour la nomination, à des épreuves publiques, c'est-à-dire à des concours établis non pas seulement sur des discours qui permettent de constater l'aptitude oratoire et quelques autres mérites du candidat, mais encore sur des manifestations publiques de connaissances spéciales et nécessaires pour les emplois à remplir. »

faure a ainsi vu tourner contre lui sa stratégie ; il en a été pour ses frais de tactique et d'imaginative.

Au train dont vont les choses, faut-il s'étonner maintenant d'appréciations et jugements qui, autrefois, auraient passé pour fantastiques et fait croire chez leurs auteurs à un état mental particulier? N'entendions-nous pas dernièrement quelqu'un soutenir cette thèse, que, « depuis bientôt vingt cinq ans, la France n'avait guère discontinué d'être gouvernée par des intrigants ou des imbéciles? » A thème si exorbitant nous voulions répondre. Mais on nous en dissuada sur ce que ce serait peine perdue : l'assistance était convaincue!

Ne demeurez-vous pas émerveillé aussi au spectacle des évolutions qui, au temps présent, s'opèrent tous les jours sous vos yeux? Ce sont tours de force surprenants, prestidigitations et sauts exécutés par d'incomparables acrobates. Sur la corde roide ou lâche de la politique, ils se livrent à d'étonnants exercices de voltige. Aujourd'hui se trouve résolu le problème d'être apte à tout en n'étant propre à rien. Des finances on passe à la diplomatie, de la diplomatie aux finances, sans qu'à celles là on s'entende davantage qu'à l'autre. En marchant sur ses brisées, on y porte l'assurance, mais non les facultés ni l'esprit de ce spirituel comte Beugnot, disant à ses bureaux de la marine qu'il recevait[1] : « Messieurs, je vous vois avec le plus grand plaisir. Chacun de vous connaît le travail de sa division; tant mieux, car pour moi je n'en sais pas le premier mot. » Lui, du moins, il apportait au ministère la volonté de travailler, la résolution de s'instruire et de faire un sérieux apprentissage.

Au conseil d'Etat, voilà M. Odilon Barrot préposé chef du fourneau, à la tête d'un nombreux personnel de cuisine. Nos compliments au pontife nouveau, nous allions dire grand sacrificateur, si le conseil d'Etat ne devait pas désormais briser avec les traditions d'autrefois, à sa destination trop prolongée de tribunal administratif expressément institué pour immoler aux gens en crédit et à l'Etat les intérêts de ce pauvre public. Voilà M. Barrot à la tête de collaborateurs d'élite, conseillers, maîtres des requêtes, auditeurs, tous marqués du signe de l'Écriture. Et ici admirez un rapprochement bizarre, un contraste singulier. Il n'y a que le hasard pour faire de ces coups. On sait que M. Odilon Barrot est petit-gendre de feu Labbey de Pompières, dont il a épousé la petite-fille. Or, voilà que sa position actuelle le met en étrange dissonance avec les doctrines de famille. Ouvrez le *Moniteur officiel*, Chambre des députés, session de 1828, vous y voyez le patriarche de l'opposition, Labbey de Pompières, qualifiant ni

---

[1] En 1814.

plus ni moins la juridiction du conseil d'État de « violation organisée de la justice civile[1] » et c'était aussi, assure-t-on, le sentiment de M. Barrot père. Il est présumable que M. Odilon Barrot n'a accepté leurs successions que sous bénéfice d'inventaire. Pour ce qui est de l'opinion sur le conseil d'État, il n'aura pas manqué de répudier cette portion de l'héritage de la famille.

A l'administratif, M. Odilon Barrot est certainement un bon choix; et pourtant, si nous avions été le gouvernement, nous en eussions fait un autre. C'est que, par le temps qui court, l'on n'arrive dûment Nestor qu'à l'âge réputé jadis de vétusté, qu'on ne saurait être doué de quelque talent et d'un peu d'expérience à moins d'être absolument cacochyme. Ce n'est guère qu'à soixante-quinze ans qu'on commence d'acquérir vigueur d'esprit, rectitude de jugement et surtout la puissance du travail. A cet âge-là surtout, la mémoire est sans seconde, la suite dans les idées étonnante, la fraîcheur d'imagination incomparable. Ce n'est que beaucoup plus tard qu'on commence à baisser, pour aboutir au radotage, finalement à l'enfance, comme l'on a commencé. A quatre-vingts ans, le cardinal de Fleury en est un frappant exemple. On sait si celui-là a gouverné sans débilité, si, au timon des affaires, il a tenu jusqu'au bout d'une main ferme le gouvernail et les rênes de l'État! Jamais il ne fut diseur de ragots ni autrement rabâcheur de vieilleries surannées et rétrogrades. Surtout il ne s'en faisait pas accroire, inaccessible à la flatterie, tant de Barjac, son valet de garde-robe, que de l'*ami* Horace Walpole. Belle-Isle en fit l'expérience : à le capter il perdit son temps. Un autre sien ministre, bas et vil parvenu, renégat de son parti et de la secte philosophique, s'y prit à son tour de mille manières pour circonvenir le vieux cardinal. Ce tartufe épuisa sur lui son fonds abject d'obséquiosité et de basses flagorneries. Jusqu'au dernier grain il vida sa cassolette où brûlait un nauséabond encens. Mais avec son nerf olfactif fin et délicat, le cardinal n'avait garde de s'y laisser prendre. Le cuistre ne put en tirer, après sa position, que le compliment ironique et malin « de grande capacité... » à courber ras terre son échine. Et même cette position, Fleury la lui avait donnée sachant bien ce qu'il faisait, à l'intention, par son exemple, de dégoûter la jeunesse de tels vices et travers : attitude sans dignité, langage hypocrite et rampant, avilissante flatterie, et le reste. Ainsi, à Lacédémone, le spectacle de l'Ilote aviné inspirait à la jeunesse l'aversion pour les excès du vin : mieux que la loi chez nous, un valet abruti par la boisson était un préservatif infaillible contre l'ivrognerie.

---

[1] C'est en rendant compte de cette séance qu'un correspondant de journal anglais, trompé à l'appellation du nom et sous l'impression du respect qu'inspirait l'abondante chevelure de Labbey de Pompières, blanchi par les années, écrivait : « Ce vénérable abbé... »

Pour en revenir à nos moutons, je veux dire aux conseillers d'État, étant le gouvernement, j'aurais placé à leur tête un vénérable d'au moins quatre-vingt-quinze ans, de préférence à M. Barrot, qui n'a pas tout à fait cet âge. Nous avions la personne sous la main et en touchâmes même un mot à M. le garde des sceaux, un jour qu'il était en train d'exprimer un citron et d'accommoder nous ne savons plus quel verjus. Il nous objecta qu'il croyait le personnage passé de vie à trépas. Ce n'était pas une raison : « Bah ! il est si bien conservé ! » Leibnitz n'a-t-il pas prouvé que « la maturité n'est point l'âge de la force, l'âge viril, mais que c'est la mort ? »

Bonne chance au public avec le nouveau conseil d'État ! S'il n'a pas la qualité, il aura toujours la quantité des arrêts. Il est fâcheux seulement, dans l'intérêt de cet aréopage, que sa condition particulière en fasse une juridiction à huis clos. Autrement, comme il gagnerait dans l'opinion à convier le public à voir pétrir la pâte et triturer les affaires ! Pas n'en est besoin au surplus pour le tenir en haute estime, de par l'adage : *Omne ignotum pro magnifico est !*

D'un plat si relevé, Excellence, je passe à deux subséquents, ceux-là encore de goût, quoique de moindre recherche. L'un est déjà servi ; mais il reste au second à faire son apparition sur la table.

C'est d'abord votre projet de loi sur le jury.

Dans une étude approfondie, je me propose de revenir sur cette belle élucubration, qui, disons-le tout de suite, n'est rien autre chose qu'un acte condamnable au premier chef. Vous aurez beau faire jouer tous vos ressorts, vous parer des meilleures intentions, jamais à ce sujet vous ne ferez prendre le change au public : tous vos sophismes seront impuissants à masquer le but que vous poursuivez. Vous n'avez d'autre objet que de fausser le jury dans sa composition, d'en altérer l'essence à la source, le jury, cet organe de la conscience publique et l'une des plus belles institutions de l'ordre social le plus perfectionné.

A qui la faute si vous avez à vous en plaindre pour lui avoir demandé des verdicts impossibles? Mais il est remarquable que toutes les tentatives d'adultération du jury sont communes à tous les pouvoirs précaires, dépourvus de principes, sans moralité ni prestige.

J'arrive au dernier petit plat, celui-là, je l'ai dit, pas encore servi, mais toujours annoncé: une loi nouvelle sur les justices de paix. A l'attente prolongée et encore à remplir, on se demande s'il en est de ce beau projet de loi comme de la côtelette du restaurateur, laquelle va bien, très-bien, encore qu'elle ne soit pas même sur le gril.

Mais il y a toute raison de supposer que votre loi est sur le chantier, puisqu'on en signale déjà l'économie, et, dans l'extension des attributions du juge de paix, la portée fondamentale.

Pour le coup, Excellence, ici où le mal n'est pas encore consommé, au nom et dans l'intérêt des justiciables, je viens vous adjurer de vous garder de cette imprudence. A légiférer comme vous faites, à tort et à travers, vous savez que vous n'avez pas la main heureuse. Comment a-t-il pu jamais entrer dans votre cervelle d'étendre la compétence et les attributions des juges de paix ? A saper l'institution on ne s'y prendrait pas autrement, et pourtant il n'est pas à présumer que vous songiez à la ruiner ni même à la pervertir. Pas un praticien éclairé qui ne tombe là-dessus d'accord : toucher à la loi de 1838, c'est entreprendre œuvre détestable. Loin d'élargir la base, d'étendre la sphère d'action des juges de paix, il y aurait plutôt lieu de les restreindre, de diminuer leur compétence, à la gravité que de nos jours beaucoup de questions empruntent à l'essor du commerce, au développement de l'industrie.

Déjà lors de la discussion de la Charte de 1814[1], de bons esprits en avaient eu le pressentiment. M. Clausel de Coussergues fit judicieusement observer que les juges de paix décident presque seuls et souverainement de toutes les questions qui leur sont soumises : « On se rassure, ajouta-t-il, par le peu d'importance qu'elles ont, et on ne réfléchit pas qu'à un intérêt, bien mince en apparence, se rattachent le plus souvent les moyens d'existence d'une pauvre famille. Il faut des hommes bien éprouvés pour remplir des fonctions si délicates, et le temps seul apporte les moyens de les bien connaître.... »

Ce sont là de sages paroles, mais il ne paraît pas que vous ayez songé à en faire votre profit. A agrandir la compétence des juges de paix, est-ce que l'expérience ne vous a pas déjà éclairé sur les inconvénients et dangers ? N'avez-vous pas été suffisamment averti à l'application de votre déplorable loi sur les loyers ? On sait, par ce que j'en ai rapporté, si cette juridiction élargie a été fertile en bévues, en iniquités, voire même en scandales judiciaires[2] ! Par exemple, on y a vu à l'œuvre deux compères, frères siamois de justice de paix, Boinod et Guyot-Sionnest, puisqu'il faut les appeler par leurs noms, à deux de jeu, colludant à la ruine d'un justiciable ! Deux ex-avoués, le premier condamné à ne laisser aucun souvenir, hormis celui-là, le second au même niveau d'esprit et d'illustration, tout au plus un moment connu comme héros d'une histoire bouffonne et ridicule[3].

---

[1] Au chapitre vi, intitulé : *de l'Ordre judiciaire.*

[2] Voy. mes *Résultats fantastiques de l'application de la loi sur les loyers* et *Fantastique circulaire*, 2 broch. in-8°.

[3] Avec ou sans le nom, elle a été souvent mais toujours inexactement racontée. En voici le récit authentique et fidèle :

C'était après la Commune, de sinistre mémoire. M. Guyot-Sionnest, un ex-avoué qui a repassé

Augmenter les attributions, amplifier les fonctions du juge de paix serait donc une erreur funeste. Ne vous y laissez pas entraîner : vous avez la carrière ouverte, le champ libre pour tant d'autres fautes à commettre ! Même en l'état actuel, vous ne marquez que trop votre action par des travers fâcheux. Je veux parler du personnel que vous installez avec prédilection aux tribunaux de paix au grand détriment des justiciables. Je sais bien qu'on ne dépouille pas facilement le vieil homme, et qu'un chacun paye son tribut de faiblesses à l'humanité. Mais vous, vous dépassez la mesure commune, et à refréner vos tendances, vous auriez bien grand mérite là où elles blessent un intérêt de premier ordre. La justice est certainement le premier besoin des peuples ; or voyez si, à vos choix, on la tient toujours de vous intelligente et équitable ?

Je m'explique. L'empire vous ayant fait des loisirs, loisirs forcés, il a bien fallu vous rabattre sur le palais. Vous avez eu le temps d'y faire de bonnes connaissances, d'y nouer d'étroites relations. Longtemps vous avez été conseil et avocat de cette grande compagnie des notaires de Paris à bon droit entourée de l'estime publique, de la considération générale. Et comme les anciens liens, les vieilles attaches, la camaraderie enfin ont exercé de tout temps une décisive influence sur vous, qu'ils n'ont jamais cessé d'être les mobiles prépondérants de vos choix, vous en avez pris occasion d'élever force notaires aux fonctions de juge de paix, en titre ou *in partibus*. Au surplus, dans tous les ordres d'emplois et de fonctions, à tous les degrés, l'on rencontre vos créatures ; il est impossible de monter un échelon sans se heurter encore à quelqu'un de vos anciens et trop nombreux secrétaires par vous là placé ou plutôt déplacé. Il faudra vous forcer terriblement la main pour vous faire abjurer le népotisme !... Mais ici je n'ai à m'occuper que des notaires.

Eh bien, Excellence, il n'est si modeste praticien ou même personne de sens ayant suivi les audiences, qui ne vous remontre sans réplique que vos nominations de ce genre sont des plus critiquables. C'est qu'il y a incompatibilité absolue entre l'office de juge de paix et les fonctions no-

---

depuis sa première suppléance de juge de paix à M. son fils, avait pris le chemin de fer de Rambouillet, où il a pignon sur rue, champ pour s'ébattre et pré où se mettre au vert. A l'arrivée, le bon gendarme de rigueur lui demande ses papiers. Notre homme se fouille ; pas le moindre passe-port. En fait de papiers, il ne trouve dans sa poche que la carte de restaurant où il avait dîné la veille. Effaré, éperdu, il la tend machinalement à l'homme de la loi. Le suppôt de l'autorité la parcourt gravement :

« Tête de veau,
« Poitrine de mouton,
« Pieds de cochon. »

« C'est bien cela, dit-il : vous pouvez continuer votre route. »

tariales. Ici elles ne sauraient servir d'apprentissage. Au juge de paix il
faut plus que des connaissances théoriques de droit et de procédure, il
faut la pratique judiciaire, un noviciat effectif qui ne saurait s'acquérir
dans la carrière du notariat. Nous le répétons : la science spéciale et l'ho-
norabilité des notaires sont ici tout à fait hors de cause. Mais quoi qu'il
fasse, si consciencieux et bien intentionné qu'il soit, jamais un notaire ne
fera un bon juge de paix. Vous avez porté du reste encore plus loin la
puissance du tour de force : aux justices de paix vous avez introduit jusqu'aux commissaires priseurs ! Après ceux-là, il n'y a plus évidemment
qu'à tirer l'échelle, à moins que vous ne soyez jaloux des lauriers du
second empire, aux nominations qu'on sait, comme celle de ce juge de
paix qui cumulait avec ces fonctions le placement des vins et des candidats officiels !

Et de ce que j'avance, je vous fournis incontinent la preuve.

Voici venir, par exemple, un notaire de Paris, second suppléant de
juge de paix. Je m'abstiens de le nommer : à la divulgation de son nom,
surtout de ses prouesses, sa modestie s'effaroucherait. J'imiterai la réserve
antique : comme Catius, *memor præcepta canam, cœlabitur auctor.*

Ce notaire, suppléant en second de son juge de paix, parlant au
second rang, y brille de la façon que vous allez voir. *Toga rara*, il
monte au siége à l'occasion ; mais c'est pour s'y signaler par des pratiques judiciaires et une jurisprudence excentriques, j'allais dire impossibles. En voici quelques échantillons pris au hasard : car si elle n'est
pas louable, la matière est abondante ! Excellence, ils se recommandent à
votre réflexion, au double titre de procédurier distingué et d'éminent
jurisconsulte, d'observateur scrupuleux du droit et de la justice :

*Juris, et æquarum cultor sanctissime legum*[1].

S'agit-il de saisie-gagerie, notre suppléant condamne bien le locataire
débiteur à payer le montant de son loyer ; mais, jugeant apparemment
la chose superflue, il omet de valider la saisie ; d'où nécessairement le
jugement ne peut sortir effet, demeure lettre morte, absolument inexé-
cutable. Rien n'y manque, hormis l'essentiel : notre suppléant s'en est
tiré ni mieux ni pis que le singe de la fable montrant la lanterne magique
aux animaux :

> Il n'avait oublié qu'un point :
> C'était d'éclairer sa lanterne[2].

Ainsi va du notaire ! En son étude, de façon magistrale il apure et

---

[1] Mart., x, xxxvii.
[2] Florian, vii.

liquide; mais à l'audience de la justice de paix, c'est autre chose : là, à le coiffer du bonnet, vous avouerez, Excellence, que ce ne devra pas être de celui de docteur.

Ce ne serait qu'un avant-goût, s'il me fallait poursuivre. Au domaine du droit, j'aurais trop à faire à vous raconter ses folichonnes excursions, au champ de la procédure ses pérégrinations fantasques et ébats drôlatiques. C'est désopilant sans doute ; mais, aux conséquences pour les intéressés, tout à fait lamentable. Il faut voir encore les coudées franches qu'il se donne avec la compétence, les aises et libertés qu'il prend en matière d'interprétation de baux, d'indemnité contestée et autres chefs qu'il retient indistinctement au tas pour les juger à l'audience, en regard de cette pauvre loi de 1838 qui n'en peut mais : elle est pour lui non avenue ; et, ni plus ni moins qu'un plaideur, il la met hors de cour, hors de la cour du roi Pétaud ! Eh bien, Excellence, n'est-ce pas cela un assez joli gâchis, un cours bien professé d'onisme [1] ? Mais vous êtes trop haut placé pour vous en émouvoir : vous ne sauriez descendre à ces détails. En fin de compte, voilà n'est-ce point, lecteur, un élu qui fait joliment honneur à la sélection du ministre ?

Excellence, vous me répondrez qu'au mal il y a l'appel comme remède. D'accord ; mais à part les lenteurs judiciaires, les dérangements et la perte de temps, veuillez considérer encore qu'il s'agit de menus litiges, qu'il y va des petites bourses ; et, qu'au prix où est monté le papier timbré, aux frais exorbitants qu'occasionne juridiction même infime, la justice est devenue de nos jours presque une affaire de luxe, un produit à la portée seulement du riche, du justiciable opulent.

Mais enfin des erreurs de ce genre ne sont pas encore au suprême degré dommageables ; mort d'homme, ni même blessure ne s'ensuit. Aussi ne vous les proposé-je qu'au titre de peccadilles et de cas coercibles. Ce sont faits individuels, accidents particuliers ; il n'y a là encore qu'un homme qui se fourvoie. Mais la chose deviendra plus sérieuse, vous en conviendrez, si c'est le corps de bataille tout entier qui donne, se heurte et trouve pierre d'achoppement. Alors à incommensurables balourdises, n'estimerez-vous pas la dignité de la justice intéressée, exposée qu'elle est à perdre de sa considération, si elle devient le point de mire des quolibets, objet de dérision, pâture à la risée du public ?

C'est ainsi qu'à la juridiction des loyers, au XVIIIᵉ arrondissement de Paris, manqua d'être couchée sur le plumitif d'audience la plus inimaginable des bévues. Celle-là, Excellence, à vous et à la galerie je la donne en mille à deviner. Allons, qu'à l'effort soit proportionnée la récompense : celui d'entre vous qui trouvera, gagnera un lapin !

[1] Ὄνος, *asinus*.

Donc, à cette butte Montmartre, qui, paraît-il, n'a pas encore été complétement abandonnée de l'espèce asine, laquelle fonda autrefois sa renommée, avant d'émigrer à la vallée de Montmorency, juge de paix et assesseurs à la juridiction des loyers ne s'avisèrent-ils pas un jour de gratifier de la remise d'un terme de ses loyers, qui ? Une rue, oui une rue[1], la prenant pour un locataire ! Dieu sait quels éclats prolongés il s'ensuivit, et si ce furent indescriptibles, inénarrables gorges chaudes! Les Montmartrais en rient encore. Jamais en effet ne s'était produite si stupéfiante, si ébouriffante méprise depuis le singe de la Fontaine prenant le Pirée pour un homme.

> . . . . . . . . . . . . . . . . .
> Le dauphin dit : « Bien grand merci !
> Et le Pirée[2] a part aussi
> A l'honneur de votre présence?
> Vous le voyez souvent, je pense? —
> Tous les jours : il est mon ami ;
> C'est une vieille connaissance. »
> Notre magot prit, pour ce coup,
> Le nom d'un port pour un nom d'homme.
> De telles gens il est beaucoup
> Qui prendraient Vaugirard pour Rome.

Ce juge de paix-là, lui aussi, se crut sans doute en droit de s'en laver les mains comme le juste Pilate, à l'instar encore et à pareille excuse qu'un sien et trop fameux devancier disant : « Il n'est si bon cheval qui ne bronche. » Probablement aussi qu'on lui répliqua : « Oui, mais toute une écurie[3] ! »

A élever à telles fonctions, par faveur ou camaraderie, des gens qui y sont absolument impropres, voilà, Excellence, les résultats que l'on recueille. Aux débordements chez vous habituels du favoritisme, à telles eaux où vous nagez, on finit par se noyer, ou bien, à un moment donné, on est obligé de prendre ses jambes à son cou pour atterrir à Versailles, avec la vélocité du lièvre. N'en avez-vous donc point gardé le souvenir ? Ce trop fameux jour-là qu'on vous donna la chasse, l'on vous vit même, vous et la compagnie, l'emporter sur cet animal pour l'agilité des jambes et le dressé au vent des oreilles. Ah ! Excellence, *relicta non bene Lutetia !* Vous avez appelé cela, par euphémisme sans doute, « vous replier en bon ordre; » mais je crains bien que la postérité et l'histoire, moins indul-

---

[1] La rue Tourlaque.
[2] Port d'Athènes.
[3] On sait l'inique arrêt prononcé par le parlement de Toulouse contre l'infortuné Calas. Un conseiller à ce parlement, momentanément à Paris, se vit, dans un cercle, lui et ses confrères, en butte aux plus véhéments reproches. « Il n'est si bon cheval qui ne bronche, dit-il d'un ton dégagé. — Oui, répliqua quelqu'un, mais toute une écurie ! »

gentes, ne ratifient pas l'a, pellation, et surtout qu'elles ne numérotent le fait au titre d'acte moins que glorieux.

Mais ensuite que dire de M. Picard et consorts, — M. Picard aîné s'entend, le fameux ambassadeur à Bruxelles, — ceux-là s'étonnant que la désertion et la solitude se soient lors faites autour d'eux ? Mais croyez-vous donc, Excellences de toutes les sortes et degrés, qu'à la longue l'éducation du peuple ne se parfait pas et qu'il ne profite point des leçons qu'on lui donne ? En pareil cas, sa ligne de conduite lui était depuis longtemps tracée par le sage auquel il faut toujours revenir, parce que, en toutes choses, il n'a pas cessé d'être l'oracle du bon sens : « Ceux qui se font tuer pour ces messieurs-là, dit Voltaire, sont de terribles imbéciles. »

Mais à s'en tenir aux juges de paix, croyez-vous que, dans vos choix, vous seriez mal inspiré à sortir un peu des sentiers battus, du cadre étroit où vous avez habitude de les prendre ? Avocats et avoués composent nécessairement le fonds de votre pépinière. Pourquoi ne pas l'étendre un peu, faire un pas de plus, et *proh pudor !* ne point allonger vos choix jusqu'aux huissiers ?

A toucher cette corde, il est possible que j'agace vos nerfs ; mais, vous aussi, ne heurtez-vous pas rudement notre sentiment par vos exclusions blessantes, voire même tout à fait injurieuses ? Quoi ! sans même plausible prétexte, voilà toute une classe de citoyens par vous écartée des tribunaux de paix, au grand dommage des affaires et du public ! J'en appelle à l'expérience des hommes d'affaires : peut-on trouver un meilleur apprentissage aux fonctions de juge de paix que l'exercice de la profession d'huissier, d'audiencier surtout, avec la pratique et l'assistance prolongée au prétoire ? Il saute en effet sous le sens et aux yeux qu'un praticien qui, à cet emploi d'audiencier tenu durant des années, a vu des milliers de litiges passer sous ses yeux, une infinie variété d'espèces, à peu près toutes les solutions se dérouler à sa vue, ne saurait manquer de faire un excellent juge de paix.

D'où vient donc qu'à cette fonction vous n'appelez jamais aucun de ces honorables praticiens ? Quelle raison de frapper d'un ostracisme injuste toute une classe d'officiers ministériels ? Serait-ce parce qu'il n'y a plus de Charte que les Français ont cessé d'être indistinctement admissibles à tous les emplois ? Est-ce que les huissiers ne payent pas comme vous leurs contributions et ne supportent pas leur part des charges de l'État ? Mais ce n'est pas seulement eux que vous lésez, c'est bien plus encore l'universalité des citoyens, que vous privez, on ne sait pourquoi, de serviteurs aussi méritants que capables.

Excellence, il y a aussi chez vous par trop d'aristocratie. Ce dédain injurieusement affiché pour les huissiers ne laisse pas d'être choquant en ce temps de république. Cet esprit d'exclusion ne fut pas toujours celui de vos prédécesseurs. Si le récit n'en était long, je vous en rapporterais en preuve un trait remarquable, pourtant emprunté à la monarchie aristocratique de la restauration, et, qui mieux est, à M. de Peyronnet, dont pourtant on a drapé le caractère hautain et les façons altières. Du moins, au sentiment de ce garde des sceaux les huissiers n'étaient pas une tribu de parias dans la classe des officiers ministériels.

Si encore la qualité de vos choix compensait vos répugnances et vos dédains! Mais il s'en faut de beaucoup que constamment le discernement y préside. La faveur, je l'ai dit, en fait le plus souvent les frais ; les vieux souvenirs du palais y ont la plus large part. A certaines de vos nominations on assigne des motifs puérils, les mobiles les plus fantasques. Les juges de paix distingués de Paris — et il y en a beaucoup, nommément celui du IX<sup>e</sup> arrondissement — ne portent pas votre attache. Nous citons celui-là que personnellement nous ne connaissons point, à qui nous n'avons jamais eu affaire, parce que la notoriété publique lui a fait un renom particulier, celui de renvoyer de la barre perdants et gagnants également satisfaits ou peu s'en faut, si bien qu'à son arrondissement, l'on ne veut d'autre juge que lui. L'honneur de cette nomination revient à M. Marie, de regrettable mémoire, qui, durant sa carrière ministérielle, ne s'est jamais laissé guider dans ses choix que par l'intérêt public et la considération du mérite. Peut-on, Excellence, vous adresser le même éloge[1]?

L'histoire, Excellence, se montrera justement sévère à votre égard. Elle vous jugera autant sur ce que vous avez fait que sur ce que vous avez manqué à faire. Elle dira qu'il serait difficile de citer dans les fastes de la chancellerie un garde-des-sceaux qui, à l'égal de vous, soit resté au-dessous de sa tâche, et, si l'on peut dire, au-dessous de lui-même. Vous avez aussi par trop mis en oubli que le siège ministériel n'est point un coussin moelleux où il n'y ait qu'à se prélasser, un oreiller commode pour plus agréablement dormir. S'agit-il seulement,

---

[1] Dans ses nominations aux tribunaux de paix, M. Dufaure devrait bien faire attention qu'au juge de paix il ne faut pas seulement conscience et savoir, mais encore les forces physiques et la santé indispensables à des fonctions certainement fort laborieuses. Croit-il, par exemple, que ce soit un spectacle où la dignité de la justice n'ait point à souffrir que celui d'un juge de paix sujet à l'audience à des crises et accès nerveux? C'est déjà un malheur quand elle est boiteuse, mais la justice de paix épileptique! Ces absences et défaillances sont d'autant plus pénibles pour le public, que le juge fait plus d'efforts pour surmonter son mal. En pareil cas, le devoir du ministre est de mettre honorablement le magistrat à la retraite. « Nous y sommes habitués, nous disait un homme d'affaires de l'arrondissement, mais le public moins accommodant n'en prend pas aussi charitablement son parti. » Ce juge de paix signant ses jugements de son prénom de Louis, les justiciables du lieu en ont pris sujet de dire que « ce Louis-là, à la différence de l'autre, n'est pas du goût de tout le monde. » On s'est offusqué d'autant à son endroit, qu'il a supplanté son prédécesseur, magistrat bien autrement capable.

comme au palais, de tourner le robinet à paro'es, vous remplissez à souhait l'office, à l'Assemblée vous *faites merveille* à la passe d'armes Mais au cabinet, vous n'y êtes plus ; et rarement l'on a vu dépositaire du pouvoir plus inerte, plus dépourvu d'initiative et de vues, plus décoloré et plus terne. D'où vient ce cri universel contre les actes de votre administration ? Le public les répute faux et maladroits, quand il ne les trouve pas désastreux. Votre loi sur les échéances commerciales et celle sur les loyers ont jonché Paris de ruines, ruines d'argent sans doute qui se réparent, mais n'en sont pas moins douloureuses pour les familles où elles ont jeté l'affliction et le désespoir. J'en sais quelque chose, moi, comme syndic de ces malheureux hôteliers du XVIIIe arrondissement de Paris ruinés, mis sur la paille ! Que dire surtout de cette loi sur les loyers, élucubration babouviste, socialiste dans la pire acception du mot, aussi funeste qu'immorale pour avoir donné au monde civilisé le scandale du législateur ouvrant lui-même la porte à la fraude, réglementant la spoliation et instituant des primes pour le dol et la malhonnêteté !

Les propriétaires impayés de leurs locataires mis en goût, leurs maisons vendues à la requête du Crédit foncier dont ils n'ont pu acquitter les termes, la propriété avilie à Paris à un point qu'on ne saurait dire, les immeubles sans preneurs à aucun prix dans les adjudications, l'industrie du bâtiment anéantie[1], le chômage dans les ateliers et les chantiers déserts, sont-ce là, Excellence, des faits que j'invente ? Vous conviendrez qu'il n'est pas donné à tout le monde d'en prendre gaiement son parti. J'entends répéter autour de moi que ce ne sont plus les vendeurs qu'il faut chasser aujourd'hui du Temple, mais les sophistes, les brocanteurs de paroles. Mon avis est qu'il ne faut chasser personne, mais agir, agir vigoureusement pour remédier à une situation aussi douloureuse que tendue au double aspect politique et économique. La mollesse et le décousu en toutes choses, voilà le fléau géminé du moment, qui, si l'on n'avise, finira par nous emporter.

A détacher fleurons de votre couronne, j'appréhende de vous contrister en mettant votre creuse personnalité en relief. J'ai beau chercher, je ne puis mettre la main sur rien dont vous ayez le droit de vous enorgueillir. Serait-ce de votre loi sur l'Internationale dont il est à présumer que l'application ne déflorera jamais la virginité ? Et pourtant elle est là, l'Internationale, opérant au grand jour, conduisant sous vos yeux, au moyen des associations ouvrières, les élections municipales à Paris. Vous regardez et ne voyez rien ; c'est tout simple : vous avez les deux yeux ouverts. Fermez-en un et ouvrez l'autre, je vous réponds que sur-le-champ vous y verrez.

[1] Voy. le dernier rapport de M. Léon Say au Conseil municipal de Paris.

Je n'estime pas que vous ayez davantage lieu de vous frotter les mains
au sujet de votre loi contre l'ivresse, fantaisiste élucubration d'une Assemblée en quête de distraction, qui a traité ce sujet comme autrefois au palais
on faisait des *causes grasses*. Cette drôle de loi, on dirait qu'elle a été
conçue et libellée après boire. Au moins n'aura-t-elle pas sur la conscience,
ni vous non plus, la faillite d'un seul cabaretier et pas davantage la malé-
diction d'un ivrogne. Elle n'empêche pas le coutumier de *se donner son
plumet* comme avant ; autant, sinon plus que par le passé, le faubourien
*a son jeune homme !* Demandez plutôt à mon locataire Goubert, un fameux
marchand de vin ! Comment, Excellence, un personnage de votre gravité
a-t-il pu se prêter à cet enfantillage, faire ainsi joujou, quand il y a tant
de lois autrement sérieuses et urgentes à expédier ?

Et ce que vous avez manqué à faire !

Si vous péchez par commission, par omission c'est bien autre chose !
Jusqu'où, par exemple, laisserez-vous monter à Paris ce flot d'arriéré judiciaire d'où il deviendra bientôt impossible d'émerger ? L'encombrement
des rôles d'audiences ne saurait donc vous émouvoir, vous inciter à chercher dérivations pour diminuer le volume des eaux, vous déterminer à
approcher tombereau à cet amas congelé de matières litigieuses ? Vous
n'avez donc nul souci de ce nombre prodigieux d'intérêts en souffrance depuis trois, quatre, cinq années et même davantage à ce qu'on m'assure ?
Les magistrats font ce qu'ils peuvent ; mais ils n'ont pas comme vous la
faculté en main : à l'éclusier qui a la clef il est donné seulement de lever
la vanne. Je sais bien les mauvaises raisons que vous ne manquerez pas d'op-
poser ; de celles-là vous n'êtes jamais à court. Ainsi, vous alléguerez l'in-
suffisance du personnel et des locaux. Mais il s'en faut de beaucoup que
ce soient là des obstacles insurmontables. Avec la volonté on en vient à
bout. Chez les Anglais, à pareille situation, reportez-vous à ce qu'a fait
lord Brougham, celui-là un vrai chancelier ! Par exemple, serait-il si difficile de transformer temporairement les magistrats en arbitres, du con-
sentement des parties, en abaissant le taux de l'appel, en vue des erreurs
possibles ? Soyez certain que les malheureux plaideurs ne manqueraient
pas d'adhérer. Et pour cela que faut-il ? Sept ou huit articles au plus d'une
loi tant soit peu mal baclée. Vous la demanderez au voisin, si vous vous
reconnaissez incapable de la faire. Notez que ce que je vous en dis, c'est
pour le bien de la chose, nullement à l'intention de vous pelauder, d'ai-
grir vos humeurs peccantes. Loin de moi surtout la pensée de vous cris-
per, de vous faire mine refrognée, à traits rugueux et déplaisants, avec caractère misanthropique et acide ! Et je n'ai garde davantage de m'ex-
poser à encourir condamnation, au grand ou petit criminel, comme per-
turbateur de votre amour-propre.

Et si vous ne pouvez suffire à la tâche du jour, aux besoins et nécessités de l'heure présente, encore moins faut-il chercher chez vous les sages prévisions de l'avenir. Sorte de marmotte en léthargie d'hiver, vous ne donnez que par intervalles signe de vie ; véritable rat retiré du monde, il vous suffit de grignoter, confiné dans votre fromage de Hollande. Vous demeurez assoupi en face des plus formidables problèmes. Celui-là, par exemple, vous trouve indifférent, qui, le plus à votre portée, aurait dû depuis longtemps éveiller toute votre sollicitude, la réforme pénitentiaire! Excepté vous, tout le monde s'en préoccupe. La criminalité croissante, les récidives en nombre effrayant sont là pour attester la gravité du péril social. A cet égard, comme au surplus à tant d'autres, nous sommes déplorablement en arrière des autres nations; nous gisons sur un plan d'infériorité qui n'est pas concevable. Il y va cependant d'un intérêt vital, du salut de la société. Excellence, parcourez vos statistiques : si défectueuses et mal digérées qu'elles sont, peut-être recéleront-elles encore le don de vous ouvrir les yeux, et, en secouant votre torpeur, auront-elles la vertu de vous tirer de votre inimaginable apathie ? Je dis qu'elles sont défectueuses, car elles ne tiennent compte ni ne font état de la quantité effrayante d'avortements et d'infanticides qui pullulent à Paris, à ce point que l'intervention du législateur pour le rétablissement des tours ne saurait être plus longtemps ajournée.

Il serait long à parfaire, Excellence, votre bilan négatif. Il ne s'est jamais rencontré, je crois, tempérament si étique d'administrateur, et, en fait d'actes louables et méritoires, pénurie plus complète. Pour la sobriété, vous ne laissez rien à désirer, hormis à l'endroit des éloges ; et ceux-là, sans plus de façon ni attendre, c'est vous qui vous les décernez. Vous êtes immodéré là-dessus. Le régime auquel vous nous avez astreints avec vous devrait pourtant vous faire à cet égard une loi de la tempérance. Mais point : gonflé, enivré, vous affectez les grands airs, les poses et attitudes glorieuses. Les déconvenues ne retranchent rien à la satisfaction que vous éprouvez de vous-même, à vos jubilations, témoin la fameuse circulaire aux juges de paix, chef-d'œuvre et monument d'aplomb, obligée néanmoins de rentrer penaude et confuse à la chancellerie, d'où elle n'aurait jamais dû sortir[1]. C'est un besoin pour vous, à tout propos, à toute occasion, de chanter antienne, d'entonner hymne en votre honneur. Continuellement vous conviez le public à vous accompagner au Capitole, où personne ne vous suit.

Tout récemment encore, comme vous vous en êtes donné à votre comice agricole de Cozes ! Ces bons villageois de Cozes, quel *boniment* vous leur

---

[1] Voy. *Fantastique circulaire*.

avez fait ! comme vous les avez *pelotés !* je n'ai pas dit bernés. Ne vous en déplaise, Excellence, mais pour parler au populaire, je suis bien obligé d'emprunter ses termes. On vous admire à leur dire à ces braves gens, au sujet des taxes nouvelles et impôts dont le pays est écrasé : « Payez, mes amis, payez toujours ; » et à leur définir le pourquoi de la chose. Au surplus, la théorie n'est pas nouvelle ; vous ne sauriez prétendre à l'honneur de l'invention et ne lui avez pas même donné un air neuf : elle était connue et pratiquée avant vous. « En général, dit Voltaire, l'art de gouverner consiste à prendre le plus d'argent qu'on peut à une partie des citoyens, pour le donner à une autre partie. » Ces bons et naïfs habitants de Cozes, comme ils étaient suspendus à vos lèvres quand vous les entreteniez de « vos grands arbres, » en attendant sans doute vos grands projets ; puis de « la fatale guerre, » qui a eu pourtant cela de bon qu'elle a interrompu vos loisirs forcés, et, en vous rendant à la politique, vous a permis de les... haranguer. Aussi vous êtes-vous donné carrière avec eux : la crédulité est le défaut des bons caractères : *Semper homo bonus tiro est ;* et comme en compagnie vous avez agréablement battu la campagne ! Encore bien que les journaux ne le disent pas, je suis persuadé que vous n'aurez point manqué de faire les choses bien jusqu'au bout, et qu'à ces bons amis, comme M. Thiers aux Havrais, vous avez laissé votre portrait !

*Ab uno disce omnes :* un seul vous les fait connaître tous. Électeurs d'Eure-et-Loir, mes chers compatriotes, à ces simples aperçus vous êtes au fait de la cuisine : vous n'avez plus à apprendre comment ces bons gouvernants fricotent. A vous à tâter des plats et de décider s'ils sont de votre goût. Vous avez le droit d'exiger qu'on vous en serve d'autres. Mais pour cela il faut modifier la cuisine, changer le fourneau du pays et les artistes culinaires. Aussi bien, au concert ces mêmes artistes sont trop nombreux pour exécuter un air qui vaille. Ce n'est plus que cacophonie : à nombre excessif, l'Assemblée ne compte que faussets. Peut-on en effet attendre élaboration mûre, discussion réfléchie des lois de la part de 750 instrumentistes à couteaux de bois, assourdissants cymbaliers ? L'expérience a prouvé qu'en France une assemblée politique ne saurait excéder 450 membres, chiffre de la Restauration et du gouvernement de Louis-Philippe[1]. Autrement, dans son sein, c'est confusion et désordre. La dissolution de l'Assemblée nationale est le premier besoin du pays. Il faut des élections nouvelles, mais avec circonscriptions et surtout sans scrutin de liste, cet engin patent de fraudes de toute espèce, cette porte ouverte à toutes les influences illicites en matière d'élections.

---

[1] On m'objectera peut-être la Chambre des communes en Angleterre. L'argument porterait à faux : au Parlement britannique, les bills sont exclusivement l'œuvre des comités.

Une assemblée nouvelle issue, à la différence de celle-ci, d'une situation calme, sereine, et non plus effarée, sera la marmite d'Eson : la France s'y sentira rajeunie, elle y recouvrera sa vigueur. Aux mains de politiques perspicaces, d'administrateurs laborieux, elle se tracera un fécond programme dont il n'est pas malaisé d'indiquer les traits saillants et les lignes principales.

L'équilibre de l'Europe est aujourd'hui rompu : c'est un point à ne pas perdre de vue. La revanche de la France ne saurait venir d'intempestives agressions, d'imprudentes aventures. C'est maintenant surtout qu'il n'y a plus de fautes à commettre. La fortune politique du pays renaîtra de la force même des choses. La France est nécessaire à l'Europe et au monde ; à présent elle leur manque. A l'extérieur, la tâche du gouvernement doit consister à nouer, à cultiver d'utiles alliances de façon à être prêt à toute éventualité de conflits. La Russie entrera tôt ou tard en collision avec l'Allemagne. La Russie est l'alliée naturelle de la France, la puissance en compagnie de laquelle nous restaurerons notre grandeur. Mais l'enjeu au tapis est la question orientale, qui doit, à sa solution, infliger un juste châtiment à l'égoïste et imprévoyante Angleterre. Il ne s'agit que de pratiquer une politique franche et sans réserves : nous n'avons qu'à stimuler la Russie sur la route de Constantinople. Jusque-là l'entretien chez nous d'un état militaire ruineux est une insigne folie. — Mais une armée ne s'improvise pas : sans doute ; aussi convient-il d'en former et entretenir soigneusement les cadres avec obligation du service égal pour tous.

Après cela, faisons trève d'enfantillages et de niaiseries. Cessons de faire rire les étrangers à nos dépens, par exemple, à cette introduction puérile des exercices militaires dans nos lycées. Voyez si rien de pareil existe en Allemagne ! Ce sont innovations courtisanesques et ridicules d'un ministre sans convictions ni portée d'esprit, qui semble ne s'être proposé d'autre but que d'abaisser le niveau des études en France, de détruire les *humanités*, avec ses méthodes saugrenues et impraticables, contre lesquelles proviseurs et chefs d'établissements d'instruction feront bien de réagir [1].

A l'intérieur, la préoccupation s'impose à l'endroit des finances. Plus

[1] Un seul trait caractérisera l'esprit pratique, la rectitude de jugement de M. Jules Simon. Relativement aux langues étrangères, il entend que le professeur converse avec l'élève dès le début, sans s'inquiéter de l'initiation indispensable aux premiers éléments, aux rudiments de la langue. C'est la méthode de Socrate ; avec M. Simon, de Socrate en délire ! Ce n'est pas tout : vous représentez-vous à cette pratique un maître unique pour cinq ou six cents élèves dans nos grands lycées ! L'évêque d'Orléans et M. Cuvillier-Fleury ont été en vérité bien bons de réfuter les billevesées de M. J. Simon. Ils ont fait infiniment trop d'honneur à cet iconoclaste de l'enseignement et des études classiques, s'en prenant en désespoir de cause au thème et aux vers latins, en attendant qu'il fasse sac et litière d'Horace et de Virgile. Ah ! qu'il est bien d'*éreinter* Auber et de proposer Velleius Paterculus pour modèle !

qu'on se l'imagine, ici la situation est tendue. Chaque jour des besoins imprévus se révèlent en même temps que s'accusent des déficits qui menacent de tourner à l'état chronique. Le gouvernement s'est-il assez fait d'illusions sur le rendement des nouveaux impôts ! et quels tristes palliatifs financiers que les décevantes ressources jusqu'à présent créées par l'Assemblée ! Il faut d'abord d'implacables économies, la suppression des emplois et fonctions parasites. Ils fourmillent en France comme pas en un autre pays. Pour s'en convaincre, qu'on jette seulement les yeux en haut ou en bas de l'échelle. On n'a que l'embarras du choix entre tous les exemples : ainsi les sous-préfets ! Ceux-là tiennent bien l'emploi chez nous des augures de Rome, où deux ne pouvaient se rencontrer sans rire[1]. Croit-on qu'il n'y ait pas encore économie notable à réaliser à la diminution du personnel des cours et tribunaux de province, où, dans certains ressorts, juges et hommes de parquet n'ont littéralement rien à faire ? Nous côtoyons un précipice. M. le ministre des finances, j'en ai la conviction, pas plus que son chef du mouvement des fonds, ne se font une idée de leur situation véritable. Dans leurs opérations de trésorerie, j'estime qu'ils s'abusent couramment de cinq à six cents millions. Et ici je fais très-humblement excuse à M. le ministre de mon impuissance à prononcer son nom : à l'articuler, on en a plein la bouche !

Aux larges retranchements possibles, réellement praticables sur le budget contrairement au dire insoutenable des intéressés, il y a lieu de joindre, nous le répétons, de rigoureuses économies: aussi bien pour l'État que pour les familles le meilleur revenu, c'est l'économie. C'était l'avis d'un ancien réputé homme de bon conseil : *Optimum et in privatis familiis et in republica vectigal duco esse parcimoniam*[2]. Mais c'est somme insuffisante encore à combler le gouffre béant. Il faut des ressources nouvelles pour étancher la soif des besoins, celles-là efficaces et durables, et non plus misérables expédients comme ceux adoptés jusqu'à ce jour. La capacité financière est réellement rare en France, encore qu'il ne soit pas un seul de nos gouvernants qui ne se croie un Gladstone. On va à l'aventure,

---

[1] Le docteur Véron, de joviale mémoire, nous racontait un jour qu'il avait obtenu une audience de M. de Rémusat, présentement aux affaires étrangères, alors ministre de l'intérieur sous Louis-Philippe : il sollicitait un emploi qu'il croyait vacant. Le ministre en avait disposé. Le docteur se rabattit alors sur l'une des deux sous-préfectures de la Seine, Saint-Denis ou Sceaux : « Quoi donc ! monsieur Véron, exclama M. de Rémusat ; un homme de votre valeur ! Vous voulez donc diriger le bal de Sceaux ? » Voilà le cas que font eux-mêmes les ministres de fonctions parasites qui grèvent inutilement le budget pendant qu'on refuse le nécessaire aux instituteurs et aux desservants des communes ! Il est vrai que c'est un fonds de réserve pour les créatures et les protégés de tout genre, à cette seule fin que *gaudeant bene.... nantis !* — Nous sommes redevable à l'amitié du célèbre docteur de particularités curieuses, complétement inédites, et pour cause, sur plus d'un acteur encore aujourd'hui sur les tréteaux. Nous en ferons notre profit et celui du lecteur à notre IVe volume de l'*Histoire de Louis-Philippe*.

[2] Cicéron. *de Rep.*, IV.

on a foi aux apparences, on s'étourdit aux mirages, comme au succès du dernier emprunt. Avec la réalité succédera la désillusion. L'événement dessillera les yeux du trop confiant et crédule public. En dehors des moyens héroïques comme ceux employés aux Etats-Unis, nous prions qu'on nous cite un seul peuple qui, obéré à l'égal de nous, ait fini autrement que par la banqueroute. En l'état des choses, le gouvernement ne saurait apporter aux dépenses trop de circonspection et surtout de mesure.

Dans une étude développée, je me propose de tracer le programme et les bases d'un bon système financier eu égard à notre situation. Mais je dois signaler tout de suite des réformes de la plus grande urgence. En première ligne, dans sa constitution et ses attributions, la Cour des comptes doit subir une transformation radicale. Que dire de cette juridiction paperassière qui n'en est pas une, aussi dispendieuse qu'inutile? La Cour des comptes, sur le pied où elle fonctionne aujourd'hui, est-elle autre chose qu'un bureau de teneurs de livres incapable d'exercer un contrôle sérieux sur les actes financiers du gouvernement?

Sans déchet pour le Trésor, on peut dès maintenant s'arrêter dans la voie de perceptions inégales et injustes, celle, par exemple, des droits de mutation sur les héritages sans défalcation des dettes. Le vide qui en résultera est facile à combler au moyen d'une mesure à laquelle il est étonnant que personne n'ait encore songé. Elle est pourtant d'une réussite infaillible, à sa destination d'établir la balance égale dans les charges à asseoir sur les forces contributives du pays.

Sans manquer à la foi publique, en respectant scrupuleusement l'immunité concédée aux rentes à leur création, on peut, aux transmissions par décès, les frapper d'un droit qu'on étendra ensuite de façons différentes aux autres valeurs mobilières. Mais pour cela il faut supprimer le titre au porteur et s'en tenir à l'inscription nominative. Si elle eût été accomplie plus tôt, que de gens s'applaudiraient aujourd'hui de la mesure, par ce temps d'instabilité et de vicissitudes politiques! Au cours des années calamiteuses, diversement tourmentées, que nous venons de traverser, qui pourrait nombrer les titres au porteur perdus, adirés, ou autrement sortis à jamais des mains de leurs légitimes propriétaires? Je le répète : l'objectif principal du restaurateur de nos finances, s'il s'en rencontre un, doit être d'établir une juste proportion des charges entre la propriété foncière, aujourd'hui surchargée, et les revenus mobiliers. Le législateur a le devoir de passer outre aux jérémiades et criailleries inévitables en pareil cas. Ce n'est pas d'aujourd'hui qu'elles datent ; elles sont communes aux mêmes tempéraments dans tous les pays. Un homme d'État anglais, qui en son temps en a fait bonne justice, les caractérisait d'une façon humoristique et piquante : « Les propriétaires fonciers, dit Robert Walpole, sont doux comme des moutons qu'on soulage de leur laine ; les propriétaires de valeurs mobilières sont impatients comme d'autres animaux qui ne sont pas privés d'un brin de leur soie sans remplir le pays du retentissement de leurs clameurs. » *

Il en résultera la possibilité non-seulement de pourvoir largement à tous les services publics, mais encore, en arrêtant définitivement le compte de l'État avec la Banque de France, de supprimer le cours forcé de ses billets. A vrai dire, nous en sommes aujourd'hui au régime du papier-monnaie. C'est un état précaire et des plus périlleux. Mais la légèreté de l'esprit et du caractère français empêche le public de s'arrêter à cette formidable épée de Damoclès toujours suspendue sur sa tête à un fil qu'une crise tant soit peu intense suffirait à trancher, et Dieu sait alors au prix de quels désastres et de ruines !

Mais ce n'est pas aux hommes actuellement au pouvoir qu'on peut demander l'adoption de salutaires réformes. Incapables même de les comprendre, ils ne s'y résoudront jamais de leur plein gré. C'est d'un établissement définitif et franchement républicain qu'on est en droit de les attendre. Plaisantes gens que nos hommes de gouvernement, qui n'y voient clair que dans les ténèbres ! Ils affichent pourtant la prétention de régénérer le pays, de restaurer sa grandeur. Vous vous trompez, messieurs, sur le genre de vos aptitudes. Vous êtes bien gens experts, même passés maîtres, mais dans l'art de couler les gouvernements. D'en faire durer aucun, vous êtes absolument incapables ; et pour ce qui est du rétablissement de la fortune de la France à vos mains, à ceux-là seulement vous en inculquerez la créance, que leur foi à toute épreuve rend aptes à croire aux miracles. La France ne pourra aspirer à se relever qu'au préalable elle ne se soit débarrassée de la rouille qui la ronge, la gérontocratie !

Votre action se résout à un terme : impuissance sous toutes ses formes. De la France vous méconnaissez l'esprit comme vous en répudiez les forces vives. Vous avez un culte différent du sien, celui des fourreaux usés et des vieilles baudruches. Vous n'avez pas changé : vous êtes toujours, avec la décrépitude en plus, ce vieux fonds à vues personnelles et rétrécies du Centre gauche de Louis-Philippe, provigné seulement de quelques pousses nouvelles, mais étiolées, sans séve ni vigueur. Vous ferez l'expérience une fois de plus que le temps perdu pour les réformes ne se regagne que par les révolutions. C'est vous qui, avec votre république conservatrice... des abus, jouez le jeu des révolutionnaires, des artisans de bouleversements. C'est vous qui faites la fortune de l'ochlocratie, des agitateurs vulgaires, des racleurs à tous les degrés de guitares démagogiques.

Je sais bien qu'à redresser vos esprits infatués, on perd sa peine et son temps. Si je le fais, c'est uniquement par devoir envers mon pays et pour l'acquit de ma conscience. C'est une obligation à l'égard de la société que de mettre à son service les forces et facultés que la Providence nous a départies. On ne saurait voir des gens en danger de se noyer sans leur tendre la perche, et c'est encore un devoir d'humanité d'avoir l'œil sur ceux qui, à démarche désordonnée, titubent et chancellent à tous parapets et garde-fous.

L'image exacte de vos outrecuidantes personnalités, c'est l'outre remplie de vent, distendue à l'excès jusqu'à ce qu'elle crève. Vous êtes des gonflés, pleins de la folle imagination de n'avoir besoin des enseignements ni des leçons de personne. Vous savez tout et d'autres choses encore, à cela près qu'à casser les œufs et tenir la poêle, vous n'avez pu apprendre de votre vie à retourner l'omelette.

Un dernier mot : car avec si haut personnage que vous, Excellence, il ne saurait être question d'avis. Puisque vous avez l'oreille de M. Thiers. même que vous le recevez à déjeuner, que ne lui glissez-vous au tuyau, entre la poire et le fromage, qu'à sa place son patron Talleyrand réprimerait l'écart du zèle et tancerait vertement officieux qui s'ingénient à l'exalter d'une façon fort maladroite? Croyant le faire admirer davantage, ils l'affublent de ridicule. Ils lui lancent des pavés capables de nous frustrer à jamais de sa petite et glorieuse personne. Le grand thuriféraire d'Auguste, Horace, s'escrimait bien aussi jadis à seriner l'idole au diapason que vous savez : « Quand tu soutiens seul le poids du fardeau de la république, etc.

> *Cum tô: sustineas et tanta negotia solus*[1] . »

mais jamais il ne lui fût venu à l'esprit de ravaler sa divinité, d'abaisser le personnage dans l'emploi de son temps, de le faire descendre de son piédestal à des soins vulgaires. Quoi ! s'extasier sur n'importe quels pas et démarches de M. Thiers, par exemple de M. Thiers en visite aux ateliers de Godillot ! Que j'aime bien mieux le voir daubant, roulant à son aise et à son profit personnel ces bons légitimistes et orléanistes de la droite, et renvoyant penaud, l'oreille basse à sa classe, le maître d'école Saint-Marc Girardin ! Vous me répondrez que Charlemagne inspectait bien ses laiteries, qu'au même titre M. Thiers est apte à juger du décati du drap, à passer vaillamment la revue des chaussures militaires. Cet homme est prodigieux ! il a tous les talents, il réunit l'universalité des aptitudes pour ainsi s'entendre à toutes choses, également s'y connaître au pacte comme au cuir de Bordeaux ! Qu'il continue donc de l'adapter aux vieilles

[1] Lib. II, 1.

culottes, puisque c'est là sa matière première et son titre à rapiécer l'État. *Alleluia*[1] !

[1] Pendant ce temps, de dangereux ferments sont attisés dans l'armée par des émissaires bonapartistes qui s'efforcent par tous les moyens d'y nouer les fils d'une conspiration militaire, seule ressource de l'homme de Sedan et d'une séquelle capable de tout. En croyant tenir l'armée sous sa main, M. Thiers pourrait bien devenir la première victime de son infatuation, de son aveugle optimisme. Mais abordez donc le chapitre de l'armée avec M. Thiers ! C'est ici particulièrement qu'il ne souffre pas la contradiction. Il en possède à fond toutes les parties : il n'est pas jusqu'aux armes du génie et de l'artillerie où il n'y ait plus rien absolument à lui remontrer. De fait, on a été à même de l'admirer, en 1848, à la justesse de son tir, comme artilleur, visant M. Guizot et tuant Louis-Philippe !

PARIS. — IMP. SIMON RAÇON ET COMP., RUE D'ERFURTH, 1.

www.ingramcontent.com/pod-product-compliance
Lightning Source LLC
Chambersburg PA
CBHW051354050726
47595CB00006B/2559